AF550552

5
6
4
1
7
Ostuferhafen
8
Ostseekai
(ehem. Oslokai)
Kieler Fährhafen
(Stand: 2019)
Schwedenkai
25
RoRo-Anleger: 10 (davon 3 mit Gangway)
21
Wassertiefe: 9,0 - 11,5 Meter
22
Betreiber: SEEHAFEN KIEL GmbH & Co. KG
Norwegenkai
Zielhäfen: Oslo, Göteborg, Klaipėda
24
Umschlagsleistung: 1,6 Mio Passagiere,
5,9 Mio Tonnen Fracht (Stand: 2018)

Der Kieler Fährhafen

Der Fotograf Lars-Kristian Brandt wurde im Sommer 1990 in Oldenburg in Holstein geboren und wuchs an Ostsee und Elbe auf. Das besondere Interesse an der Fährschifffahrt prägt ihn von Kindesbeinen an. Während seiner Ausbildung entstand die Idee, Hobby und Beruf zu vereinen und seine Bilder mit informativen Texten zu kombinieren. Bereits 2014 erschien im Sutton Verlag sein Buch „Der Skandinavienkai in Travemünde" und im Jahr 2018 der Band „Der Rostocker Fährhafen".

Lars-Kristian Brandt

Der Kieler Fährhafen

Linien • Schiffe • Terminals

SUTTON ZEITREISE

Die COLOR CARRIER läuft im Januar 2019 erstmalig in Kiel ein.

Einband vorn: STENA GERMANICA (III) am Schwedenkai.
Vorsatz: COLOR FANTASY frühmorgens vor Kiel.
Nachsatz: Blick vom Sonnendeck der STENA SCANDINAVICA (IV) auf die Kieler Förde.
Einband hinten: COLOR FANTASY im September 2019, aufgenommen vom Ehrenmal Möltenort.

Impressum

Sutton Verlag GmbH
Arnstädter Straße 8
99096 Erfurt
www.suttonverlag.de

ISBN: 978-3-96303-160-1
Druck: Florjančič Tisk d.o.o. / Slowenien
Gestaltung und Herstellung: Sutton Verlag

In diesem Buch wird aus Gründen der besseren Lesbarkeit das generische Maskulinum verwendet. Weibliche und anderweitige Geschlechteridentitäten werden dabei ausdrücklich mitgemeint, soweit es für die Aussage erforderlich ist.

Inhalt

Vorwort

Wer an Kiel denkt, hat sogleich die riesigen Fährschiffe, die unmittelbar in der Innenstadt am Fördeufer liegen, vor Augen. Während in anderen Fährhäfen die Liegeplätze aus den Städten verbannt wurden, wie in Sassnitz, Malmö oder Helsinki, verblieben die Fährterminals nicht nur im Stadtzentrum von Kiel, sondern wurden sogar für größere Schiffe ausgebaut und für mehrere Millionen Euro modernisiert.

Der Kieler Fährverkehr mit kombinierten Fahrzeug- und Passagierfähren begann bereits 1950 mit zwei Autofähren, die für zwei Jahre zwischen dem Kieler Bahnhofskai und der dänischen Hafenstadt Korsør verkehrten. Im Mai 1961 wurde schließlich die Linie Kiel–Oslo, die erste Nachtfährverbindung von der Landeshautstadt aus, eröffnet. Diese Fähren liefen anfangs den Oslokai an, der heute unter dem Namen Ostseekai als Liegeplatz für große Kreuzfahrtschiffe dient.

Derzeit besitzt der Kieler Hafen drei Terminals für den Fährverkehr. Die Fähren ins norwegische Oslo nutzen seit 1997 den Norwegenkai am Ostufer der Förde, die Fähren ins schwedische Göteborg den Schwedenkai in Nachbarschaft zum Stadtzentrum. Vom Kieler Ostuferhafen im Stadtteil Dietrichsdorf aus verkehren die Fähren ins litauische Klaipėda.

Im Jahr 2018 wurden mit den Fähren ab Kiel 1.607.029 Passagiere, 201.215 Pkw, 9.221 Busse sowie 209.078 Lkw bzw. Trailer befördert.

Dieses Buch dokumentiert die Geschichte der einzelnen Kaianlagen für den Fährverkehr ab Kiel und skizziert deren Entwicklung bis heute. Hierzu zählen der Oslo- bzw. Ostseekai, der Bollhörn- bzw. Schwedenkai, der Ostuferhafen und der Norwegenkai. Im Mittelpunkt dieses Buches stehen nicht nur Momentaufnahmen aus dem Hafenalltag, sondern auch die Ergebnisse intensiver Quellenarbeit.

Lars-Kristian Brandt

KRONPRINS HARALD (III) im Nord-Ostsee-Kanal auf dem Weg in die Werft. ►

Die STENA GERMANICA (III) liegt im Herbst 2014 am Kieler Schwedenkai.

1

Vom Oslo- zum Ostseekai

Im Jahr 1959 schlug der Reeder Anders Jahre der Stadt Kiel vor, eine regelmäßige Fährverbindung zwischen dem Kieler Hafen und Oslo in Norwegen einzurichten. Die Stadt hatte nun die Aufgabe, eine geeignete Stelle für die Errichtung einer neuen Kaianlage zu finden. Man entschied sich schließlich für ein zentrumsnahes Uferstück in der Nähe des Seegartenplatzes und des Kieler Schlosses. Zeitnah begannen die Bauarbeiten, bei denen der nicht tragfähige Untergrund der Verkehrs- und Stellflächen ausgebaggert und wieder mit Sand verfüllt wurde. Zudem errichtete man eine Kaiplatte als Seitenanleger mit zwei Einschnitten für bewegliche Brückenrampen. Diese wurde auf Pfählen gegründet, die bis zu 25 Meter tief ins Erdreich gerammt wurden. Weiterhin entstanden auf dem Gelände des Oslokais Büro-, Abfertigungs- und Sozialräume. Die Gesamtkosten der neu errichteten Kaianlage beliefen sich auf insgesamt 5,2 Millionen DM.

Am 3. Mai 1961 legte die am Tag zuvor in Oslo gestartete neue Fähre KRONPRINS HARALD (I) erstmals planmäßig am fertiggestellten Kieler Oslokai an. Das Fährschiff war für die Be- und Entladung von Fahrzeugen ausschließlich mit Seitenpforten ausgestattet, da der Reeder Anders Jahre die Fähre im Stil damaliger Kreuzfahrtschiffe bauen ließ. Dies machte es allerdings erforderlich, dass das Anlegemanöver durch Schlepper unterstützt werden musste.

Etwa zwei Jahre später, am 31. August 1963, eröffnete die schwedische Reederei Stena Line unter dem Namen „Kiel-Nakskov-Linien“ einen Fährverkehr von Kiel nach Nakskov auf der dänischen Insel Lolland.

Die KRONPRINS HARALD (I) war das erste Fährschiff zwischen Kiel und Oslo. Hier legt sie am 8. Mai 1963 vom Oslokai ab.

Die ISEFJORD, die zwischen Kiel und dem dänischen Nakskov verkehrte, nutzte gemeinsam mit den Oslofähren den Seitenanleger am Oslokai.

Zum Einsatz kam die Autofähre ISEFJORD, die bereits 1935 in Aalborg gebaut worden war. Sie nutzte gemeinsam mit der Oslofähre KRONPRINS HARALD (I) den Anleger am Oslokai und obwohl die ISEFJORD über eine Bug- und eine Heckklappe verfügte, wurde auch sie in den ersten Jahren mangels einer stirnseitigen Fährbrücke seitlich mittels einer Pforte be- und entladen.

Am 10. Juni 1964 startete mit der Autofähre SCANIA der Reederei Skandinavisk Linjetrafik ein Liniendienst zwischen Kiel und dem dänischen Korsør auf der Insel Seeland. Die Verbindung nach Korsør war bereits zwischen 1950 und 1952 von zwei zu Autofähren umgebauten Minensuchbooten vom Kieler Bahnhofskai aus bedient worden. Im Gegensatz zu den Anfang der 1960er-Jahre eingesetzten Fährschiffen wurden sie bereits über das Heck be- und entladen. Die SCANIA hingegen musste am Oslokai anfangs über eine seitliche Klappe beladen werden, obwohl sie, wie schon die ISEFJORD, über eine Bug- und eine Heckklappe verfügte. Geschuldet war dies dem Seitenanleger des Oslokais.

Da ab 1964 mittlerweile drei Fähren von drei verschiedenen Reedereien am Oslokai anlegten und sich weitere Fährverkehre ankündigten, entschied die Stadt Kiel, den Oslokai zu erweitern. Dazu entstanden nördlich des bisherigen Anlegers ab 1964 zwei neue Liegeplätze, die mit Fährbrücken für die Be- und Entladung über Bug- und Heck ausgestattet wurden. Ein dritter Anleger, den man erst Mitte des Jahres 1969 eröffnete, wurde bereits in die Planungen mit einbezogen. Zudem errichtete man eine separate Passagierbrücke. Im Frühjahr 1965 waren

Die Fähre SCANIA verband zwischen 1964 und 1966 Kiel mit Korsør, auf der dänischen Hauptinsel Seeland.

die neuen Anleger (I und II) und die anfangs noch offene Passagierbrücke fertiggestellt. Kurz darauf, am 1. Mai 1965, eröffnete die Reederei LK-Linie einen Fährdienst mit Fahrzeugtransport von Kiel nach Bagenkop auf der dänischen Insel Langeland. Zum Einsatz kam das im selben Jahr in Papenburg auf der Meyer-Werft gebaute Fährschiff LANGELAND. Ebenso wie die Fähren nach Nakskov und Korsør legte sie an den neu errichteten Anlegern an.

Ebenfalls am 1. Mai 1965 verstärkte Skandinavisk Linjetrafik mit einem zweiten Fährschiff, der PRINSESSAN CHRISTINA, die Verbindung nach Korsør. Allerdings wurde sie nur bis zum Ende des selben Jahres eingesetzt, da die konkurrierenden Verbindungen von Travemünde und Puttgarden nach Dänemark attraktiver waren. Aus diesem Grund stellte man den Betrieb nach Korsør im November 1966 mit der letzten Überfahrt der SCANIA schließlich endgültig ein.

Da die Nachfrage auf der Oslo-Route weiter gestiegen war, wurde am 2. Juni 1966 die zweite Fähre zwischen Kiel und Oslo in Dienst gestellt. Es handelte sich dabei um die in Kiel gebaute PRINSESSE RAGNHILD (I), die im Vergleich zu ihrer Partnerfähre mit einem größeren Fahrzeugdeck und einer gesteigerten Passagierkapazität aufwarten konnte. Wie schon die KRONPRINS HARALD (I) war die PRINSESSE RAGNHILD (I) für die seitliche Be- und Entladung mit Seitenpforten und ohne Heck- oder Bugklappe gebaut worden. Eine Besonderheit der PRINSESSE RAGNHILD (I) war zudem, dass sie in den Jahren 1966 bis 1972 in der Nebensaison Kreuzfahrten ins Mittelmeer und zum Nordkap unternahm. In der verkehrsschwachen Zeit reichte es aus, dass zwischen Kiel und Oslo nur ein Fährschiff verkehrte.

Die STENA GERMANICA (I) war 110,8 Meter lang und 18 Meter breit und konnte etwa 220 Pkw befördern. Im Hintergrund erkennt man die PRINSESSE RAGNHILD (I).

Im Juli 1966 löste die ÆRØBOEN auf der Linie Kiel–Nakskov die bislang dort eingesetzte ISEFJORD ab, stellte jedoch nach der Hauptsaison im September 1966 den Betrieb vorerst ein. Ab Mai 1967 verkehrte mit der LOHALS nochmals ein Fährschiff zwischen Kiel und Nakskov, bevor die Linie Anfang September 1967 aufgrund der Konkurrenz durch die Linien Travemünde–Gedser, Puttgarden–Rødbyhavn und Kiel–Bagenkop eingestellt wurde.

Den ersten Fährverkehr von Kiel nach Göteborg in Schweden eröffnete die Reederei Stena Line am 24. April 1967 mit dem Neubau STENA GERMANICA (I), die am Kieler Oslokai den Anleger I, einen der beiden 1965 eröffneten Bug-/Heckanleger, nutzte. Sie blieb vorerst das einzige Schiff auf dieser Linie, bevor die STENA ATLANTICA am 13. März 1972 als zweite dauerhafte Fähre ab Kiel eingesetzt wurde. Somit konnte Stena Line seinen Kunden nun täglich eine Nachtüberfahrt nach Göteborg anbieten.

Im selben Jahr fanden in München die Olympischen Sommerspiele statt, wobei auch Kiel eine entscheidende Rolle spielte, da im Ortsteil Schilksee die Segel-Wettbewerbe ausgetragen wurden. Passend dazu lief am 8. Juli 1972 erstmals der Stena-Line-Neubau STENA OLYMPICA den Kieler Oslokai von Göteborg kommend an.

Ebenfalls im Juli 1972 eröffnete die Reederei Stena Line einen Sommer-Fährdienst von Kiel nach Korsør. Dabei kamen die drei Göteborg-Fähren STENA GERMANICA (I), STENA ATLANTICA und STENA OLYMPICA zum Einsatz, da die Hafenliegezeiten tagsüber in Kiel genau für einen Umlauf nach Korsør ausreichten.

Die LANGELAND II legt vom Kieler Oslokai mit Ziel Bagenkop auf der dänischen Insel Langeland ab.

Bereits zum Ende der Olympischen Spiele im September 1972 verließ die STENA ATLANTICA Kiel wieder. Mit der STENA SCANDINAVICA (I) kam im darauffolgenden Jahr, am 13. Juli 1973, auf den Routen Kiel–Göteborg und Kiel–Korsør ein passendes Nachfolgerschiff in Fahrt, während die STENA GERMANICA (I) ab diesem Zeitpunkt nur noch sporadisch ab Kiel eingesetzt wurde. Einige der Tages-Abfahrten der STENA OLYMPICA und der STENA SCANDINAVICA (I) führten zwischen 1973 und 1977 anstatt nach Korsør auf Seeland nach Nyborg auf Fünen.

Von Juni bis August 1973 setzte Stena Line die gecharterte SKAGEN zwischen Kiel und Korsør ein, da man plante, zwei Fährschiffe ausschließlich nach Korsør fahren zu lassen. Letztendlich wurde dieser Plan aufgrund mangelnder Nachfrage aber nicht umgesetzt.

Durch das stetig wachsende Verkehrsaufkommen auf der Linie Kiel–Oslo, wurde die im Jahr 1961 in Dienst gestellte KRONPRINS HARALD (I) durch den Neubau KRONPRINS HARALD (II) ersetzt, die man am 3. April 1976 ab Kiel einsetzte. Das besondere an diesem Neubau war, dass die Reederei Jahre Line erstmals ein Fährschiff für die Beladung über Bug und Heck bestellt hatte, sodass der Anlege- und Beladevorgang vereinfacht werden konnte. Zu diesem Zweck musste der Anleger IV am Kieler Oslokai mit einer neuen stirnseitigen Fahrzeugrampe ausgestattet werden. Diese wurde pünktlich zur Indienststellung der neuen Fähre fertiggestellt. Außerdem war am Oslokai ein neues Terminalgebäude in zweiter Ebene entstanden, sodass die Passagiere getrennt vom Fahrzeugverkehr an Bord der Fähren gelangen

Die PRINSESSE RAGNHILD (II) der Reederei Jahre Line war, vor ihrem Umbau Anfang der 1990er-Jahre, 170 Meter lang und 24 Meter breit und konnte knapp 900 Passagiere und etwa 600 Pkw befördern.

konnten. Eine Verbindung vom neuen Terminalgebäude zur Gangway der Anleger I und II wurde ebenfalls errichtet, um auch hier Fahrzeug- und Passagierströme zu trennen.

In der Saison 1976 kam für Stena Line die Charterfähre DROTTNINGEN zwischen Kiel und Göteborg zum Einsatz. Außerdem bot man mit ihr vereinzelte Überfahrten nach Nakskov an, doch aufgrund mangelnder Nachfrage wurden diese nicht fortgeführt.

Am 8. Juli 1977 ersetzte die LANGELAND II die zu klein gewordene LANGELAND (I) auf der Fährlinie Kiel–Bagenkop, da sich diese Route wachsender Beliebtheit erfreute. Hauptsächlich der zollfreie Einkauf an Bord lockte zahlreiche Fahrgäste an.

Im darauffolgenden Jahr, am 10. April 1978, stellte die Reederei Stena Line für die kurz zuvor aus dem Liniendienst ausgeschiedene STENA SCANDINAVICA (I) das Charterschiff SCANDINAVICA zwischen Kiel, Göteborg und Korsør in Dienst. Sie war bis 1981 gemeinsam mit der STENA OLYMPICA ab Kiel im Einsatz, bevor sie am 14. September 1981 von der PRINSESSAN BIRGITTA (1982 in STENA SCANDINAVICA (II) umgetauft) abgelöst wurde. Zur selben Zeit, im Spätsommer 1981, beendete Stena Line den Fährverkehr zwischen Kiel und Korsør.

Anfang Februar 1981 lief die neue, mit Bugpforte und Heckrampen ausgestattete Fähre PRINSESSE RAGNHILD (II) zum ersten Mal den Kieler Olsokai von Oslo kommend an. Die Reederei Jahre Line ersetzte mit ihr die 1966 in Dienst gestellte zu klein gewordene PRINSESSE RAGNHILD (I), die bereits im Dezember 1980 aus dem Liniendienst ausgeschieden war.

Da der Oslokai nicht weiter ausgebaut werden konnte und die Anlagen für die künftigen Fährschiffe der Stena Line zu klein waren, entschied sich die Reederei dazu, ihre

Um die Anleger in Kiel nutzen zu können, wurde an der DSB-Fähre KONG FREDERIK IX hinter der Bugklappe vorrübergehend eine Fahrzeugrampe installiert.

Göteborg-Fähren fortan an einem neu erbauten Kai abfertigen zu lassen. Der neue sogenannte Schwedenkai entstand auf dem Bollhörnkai und wurde im Juni 1982 offiziell eröffnet. Somit verließen die Schwedenfähren den Oslokai, der nun künftig lediglich von den Fähren nach Oslo und Bagenkop genutzt wurde.

Vom 14. Oktober 1983 bis zum Frühjahr 1984 gab es erneut einen Liniendienst zwischen Kiel und dem dänischen Korsør. Betrieben wurde die Linie von der Smyril Line mit dem Fährschiff NORRÖNA, das 1973 als GUSTAV VASA in Rendsburg gebaut worden war. Fortgeführt wurde dieser Dienst in den Sommermonaten der Jahre 1984 und 1990 von der DSB-Fähre KONG FREDERIK IX, die zum Anlegen am Kieler Oslokai mit einer Rampe ausgestattet wurde. Vom 14. Juni 1993 bis zum 22. Dezember 1995 verkehrte die KONG FREDERIK IX letztmalig zwischen Kiel und Korsør/Halsskov. Die Einstellung der Verbindung erfolgte aufgrund mangelnder Nachfrage.

Im Gegensatz dazu stieg die Nachfrage auf der Oslo-Route kontinuierlich an, sodass am 26. März 1987 erstmals die neue Fähre der Jahre Line, die KRONPRINS HARALD (III), planmäßig am Kieler Oslokai festmachte. Sie ersetzte die KRONPRINS HARALD (II), die anschließend als HAMBURG zwischen Hamburg und England eingesetzt wurde.

Im Jahr 1988 wurde das neu gestaltete Terminalgebäude am Oslokai eingeweiht. Das alte Gebäude wurde dabei zu einem zweigeschossigen, lichtdurchfluteten Abfertigungsgebäude für Passagiere und Spediteure umgebaut.

Im darauffolgenden Jahr, am 5. April 1989, löste die LANGELAND III die ältere LANGELAND II auf der Route nach Bagenkop ab. Der Neubau hatte eine wesentlich größere

Im Juli 1992 liegt die kurz zuvor verlängerte PRINSESSE RAGNHILD (II) am Oslokai. Sie war nun 205,3 Meter lang und konnte 1.875 Passagiere und etwa 700 Pkw transportieren.

Passagier- und Fahrzeugkapazität, sodass pro Überfahrt etwa 60 Pkw und ca. 480 Passagiere mehr mitgenommen werden konnten.

Zu einer Reedereifusion kam es Ende 1990, als sich die norwegischen Reedereien Jahre Line, die zwischen Kiel und Oslo aktiv war, und Norway Line, die Fährschiffe zwischen Norwegen, England und den Niederlanden betrieb, zur neuen Color Line zusammenschlossen. Kurz darauf veränderte sich auch das Aussehen der beiden Oslo-Fähren PRINSESSE RAGNHILD (II) und KRONPRINS HARALD (III). Beide Fährschiffe erhielten eine dunkelblaue Rumpfbemalung mit weißem Color Line Schriftzug. Am Schornstein prangte fortan das neue Logo, ein blaues „C“ mit bunten Wellen.

Kurze Zeit später, von Oktober 1991 bis Juni 1992, ließ Color Line seine PRINSESSE RAGNHILD (II) im spanischen Cadiz um 33,5 Meter verlängern, da sich die Verkehre, auch im Hinblick auf die bevorstehenden Olympischen Winterspiele 1994 in Lillehammer, vervielfachten.

Da der Olsokai Mitte der 1990er-Jahre, trotz des Abzugs von Stena Line im Jahr 1982, wiederholt an seine Kapazitätsgrenzen stieß, entschied sich die Reederei Color Line dazu, ihre Fährschiffe zukünftig an einem neuen, größeren Terminal abfertigen zu lassen. Im August 1997 zog Color Line schließlich an den neu errichteten Norwegenkai am Ostufer der Förde gegenüber dem Kieler Hauptbahnhof. Durch den Abzug der Oslo-Fähren wurde der Name „Oslokai“ irreführend und die Anlage daher im August 1997 in Ostseekai umbenannt.

Um den Fahrzeugtransport zwischen Kiel und Oslo zu bewältigen, kamen gelegentlich Frachtfähren zum Einsatz. Hier legt die OCTOGON 3 im Mai 1996 am Oslokai an.

Den Ostseekai nutzte fortan ausschließlich die Reederei LK-Linie mit ihrer LANGELAND III nach Bagenkop. Jedoch fand diese Verbindung am 30. Dezember 1998 ein vorläufiges Ende, da der steuerfreie Einkauf innerhalb der EU, die Grundlage der Wirtschaftlichkeit dieser Route, zum 1. Juli 1999 abgeschafft wurde. Vom 1. März 1999 bis zum 30. Juni 1999 setzte die LK-Linie mit der gecharterten APOLLO nochmals ein Fährschiff zwischen Kiel und Bagenkop ein, da die EU kurzzeitig eine Weiterführung des zollfreien Einkaufs nach dem 1. Juli 1999 in Erwägung zog, aber nicht durchsetzte.

In den Sommermonaten des Jahres 2000 versuchte die dänische Reederei Difko Færger A/S mit der DIFKO FYN einen erneuten Liniendienst vom Kieler Ostseekai nach Bagenkop, jedoch konnte die Route nicht wirtschaftlich betrieben werden, sodass der Betrieb Ende Oktober 2000 wieder eingestellt wurde. Einen letzten Versuch der Wiederbelebung der Bagenkop-Route unternahm die eigens gegründete Reederei Færgeruten Langeland-Kiel zwischen April und November 2003 mit der Doppelendfähre LANGELAND (IV), die ein Schwesterschiff der drei Jahre zuvor eingesetzten DIFKO FYN war. Doch auch dieses Mal konnte die Verbindung nicht wirtschaftlich betrieben werden, sodass die Linie Kiel–Bagenkop am 3. November 2003 endgültig eingestellt und der Fährbetrieb am Kieler Ostseekai beendet wurde. Schließlich baute man den Ostseekai im Jahr 2007 zum modernen Kreuzfahrtterminal mit zwei großen Liegeplätzen um.

Die KRONPRINS HARALD (I) in Kiel. Sie war 138,3 Meter lang, 18 Meter breit und konnte knapp 600 Passagiere sowie etwa 150 Pkw befördern.

Am 3. April 1964 wurde die Passagierlinie Kiel–Faaborg mit der im Hintergrund liegenden GORCH FOCK eröffnet. Im Vordergrund liegt das Fährschiff ISEFJORD.

Der Schwimmbagger WOLF vom Tief- und Wasserbauunternehmen Steffen Sohst bei Ausbaggerungsarbeiten für die neuen Anleger im April 1964.

Mit der LANGELAND (I) wurde 1965 die Fährlinie nach Bagenkop auf Langeland eröffnet. Das Fährschiff war 63,4 Meter lang, 12,7 Meter breit und konnte rund 60 Pkw sowie 400 Passagiere transportieren.

Letzte Arbeiten an der Fährbrücke am Anleger I im November 1964. Die beiden neuen Liegeplätze nutzten ab 1965 die Fähren nach Nakskov, Korsør und Bagenkop.

Baufortschritt der neuen Liegeplätze im August 1964. Diese Anleger ermöglichten es den Fährschiffen, über Bug und Heck be- und entladen zu werden.

Die LANGELAND (I) beim Probeanlegen am Anleger II des Oslokais am 16. April 1965. In Kiel legten die Fähren nach Langeland mit dem Heck, in Bagenkop mit dem Bug an.

Die KRONPRINS HARALD (I) wird am Oslokai über je zwei seitliche Fahrzeug- und Passagierbrücken bedient. Im Hintergrund ist die PRINSESSE RAGNHILD (I) zu erkennen.

Die PRINSESSAN CHRISTINA kam auf der Linie Kiel–Korsør zum Einsatz. Hier werden Neuwagen aus skandinavischer Produktion entladen.

Die LANGELAND (I) wird im August 1965 am Anleger II beladen. Später nutzte man für die Passagiere die Gangway rechts.

Blick vom Sell-Speicher auf den Oslokai im Mai 1966. Rechts liegt die KRONPRINS HARALD (I), links dahinter die SCANIA und rechts läuft die LANGELAND (I) aus.

Blick vom Schlossturm auf die Anleger Mitte der 1960er-Jahre. Gelegentlich legten auch andere Schiffe am Oslokai an, wenn keine Fährschiffe erwartet wurden.

Der dänische Schlammsauger KRONBORG im Oktober 1968 bei Aufschwemmarbeiten am Oslokai. Hierbei entstand der Anleger III, der 1969 fertiggestellt wurde.

An einem Sommertag liegt die PRINSESSE RAGNHILD (I) in Kiel.

Die STENA GERMANICA (I) eröffnete den Fährverkehr zwischen Kiel und Göteborg. Hier entlädt sie im Mai 1967 am Anleger I einen Lastwagen durch die geöffnete Bugklappe.

Sandaufschüttungen am neuen Anleger III im Dezember 1968. Im Hintergrund liegt die STENA GERMANICA (I).

Die PRINSESSE RAGNHILD (I) legt mit Schlepperassistenz am Oslokai an. Für eine Überfahrt von Oslo nach Kiel benötigten die Fährschiffe der Jahre Line etwa 19 Stunden.

Das Fährschiff STENA ATLANTICA im März 1972 am Anleger I des Kieler Oslokais. Sie wurde von Stena Line als zweites Fährschiff nach Göteborg eingesetzt.

Die STENA ATLANTICA manövriert an den Anleger. Sie wurde 1966 als SAGA gebaut und verkehrte 1972 zwischen Kiel und Göteborg.

Das Fährschiff STENA OLYMPICA wurde 1972 in Jugoslawien gebaut, war 124,8 Meter lang, 19,5 Meter breit und konnte 1.500 Passagiere sowie 250 Pkw befördern.

Die PRINSESSE RAGNHILD (I) am Oslokai. Zum Lüften des Fahrzeugdecks hat sie die dem Anleger abgewandten Seitenpforten geöffnet.

Nicht nur Passagierfähren wurden am Oslokai abgefertigt. Hier ist der Fahrzeugfrachter NORDICMARK zu sehen, der für den Transport von Neuwagen eingesetzt wurde.

Das von Stena Line gecharterte Fährschiff SKAGEN bediente im Sommer 1973 drei Mal täglich die Route Kiel–Korsør.

Die STENA OLYMPICA mit geöffneter Bugklappe am Anleger I des Oslokais. Ihr Name wurde anlässlich der olympischen Segelwettbewerbe 1972 in Kiel gewählt.

Bauzustand der zweiten Ebene für Fußgänger im März 1975. Die Säulen wurden vor Ort gegossen. In diese wurden mit einem Autokran jeweils 15 Tonnen schwere Fertigbauteile eingehängt.

Die neue Fußgängerbrücke verband das neu errichtete Terminalgebäude mit der bereits vorhandenen Gangway zwischen den Anlegern I und II.

Die Bauarbeiten für die obere Ebene am Oslokai sind im April 1975 nahezu abgeschlossen. Rechts liegt das Fährschiff KRONPRINS HARALD (I).

Die STENA SCANDINAVICA (I) im November 1975 am Anleger I. Nebenan entsteht die neue Fahrzeugrampe am Anleger IV für die neuen Fährschiffe der Jahre Line.

Die KRONPRINS HARALD (II) im April 1976 in Kiel. Sie war 156,4 Meter lang, 24 Meter breit und konnte anfangs 960 Passagiere sowie 400 Pkw transportieren.

Die PRINSESSE RAGNHILD (I) im April 1980 am Anleger IV. Im darauffolgenden Jahr wurde sie durch einen Neubau ersetzt.

Die SCANDINAVICA von Stena Line wurde 1973 als BOLERO in Frankreich gebaut, war 141,4 Meter lang, 19,9 Meter breit und konnte 975 Passagiere sowie 270 Pkw laden.

Die KRONPRINS HARALD (II) wurde 1976 in Rendsburg bei Nobiskrug gebaut. Ab 1987 verkehrte sie als HAMBURG zwischen Hamburg und Harwich in Großbritannien.

Rechts liegt die PRINSESSE RAGNHILD (I), dahinter am Anleger I die STENA SCANDINAVICA (I), die ein Schwesterschiff der STENA OLYMPICA war.

Die LANGELAND II löste im Juli 1977 die kleinere LANGELAND (I) auf der Route Kiel–Bagenkop ab. Hier läuft sie im Herbst 1977 aus Dänemark kommend in Kiel ein.

Die PRINSESSE RAGNHILD (II) der Jahre Line am Anleger IV des Kieler Oslokais. Sie wurde 1981 bei den auf der anderen Uferseite gelegenen Kieler Howaldtswerken gebaut.

An einem sonnigen Frühlingstag liegen die LANGELAND II (links) und die SCANDINAVICA (rechts) gemeinsam am Oslokai.

Die STENA OLYMPICA in der Kieler Förde. Sie war für Stena Line von 1972 bis 1982 zwischen Kiel und Göteborg im Einsatz.

Am Anleger I liegt die Göteborg-Fähre SCANDINAVICA (links) und am Anleger II die Bagenkop-Fähre LANGELAND II (rechts).

Im Jahr 1981 ersetzte die PRINSESSAN BIRGITTA auf der Göteborg-Route die SCANDINAVICA. Hier liegt sie mit geöffneter Bugpforte am Oslokai.

Im Frühjahr 1982 kam für die STENA OLYMPICA die KRONPRINSESSAN VICTORIA zwischen Kiel und Göteborg in Fahrt. Sie war 149,1 Meter lang, 26,6 Meter breit und hatte einen Tiefgang von 6,1 Metern.

Die KONG FREDERIK IX am Anleger I des Olsokais. Sie wurde 1954 als Eisenbahnfähre gebaut und kam Mitte der 1980er- bis Mitte der 1990er-Jahre gelegentlich zwischen Kiel und Korsør zum Einsatz.

Von 1983 bis 1984 wurde die NORRÖNA zwischen Kiel und Korsør eingesetzt. Sie war 128,8 Meter lang, 20,8 Meter breit und konnte 1.040 Passagiere sowie 250 Pkw befördern.

Die KRONPRINS HARALD (III) im August 1988 in Kiel. Sie war 166,3 Meter lang, 28,4 Meter breit und war für 1.440 Passagiere sowie 700 Pkw ausgelegt.

Die PRINSESSE RAGNHILD (II) wendet vor dem Oslokai. Auf diesem Foto ist sie bereits in den Farben der neuen Reederei Color Line unterwegs.

Ab 1989 kam die LANGELAND III auf der Linie Kiel–Bagenkop zum Einsatz.

Die PRINSESSE RAGNHILD (II) im Mai 1991 am Oslokai. Noch im selben Jahr wurde sie in Spanien umgebaut und verlängert.

Die 1987 in Dienst gestellte KRONPRINS HARALD (III) der Color Line am Anleger IV Mitte der 1990er-Jahre. Gemeinsam mit der PRINSESSE RAGNHILD (II) ermöglichte sie täglich eine Abfahrt von Kiel nach Oslo.

Die LANGELAND III benötigte für eine Überfahrt zwischen Kiel und dem dänischen Bagenkop etwa 2,5 Stunden. Inklusive der Liegezeit auf Langeland dauerte eine Rundreise ab Kiel ca. 5,5 Stunden.

Mächtig und imposant wirkte ab 1992 die umgebaute PRINSESSE RAGNHILD (II). Hier läuft sie aus Oslo kommend in die Kieler Förde ein.

Die LANGELAND III legt rückwärts am Oslokai an. Zur Versorgung der Fähre mit Waren und zur Entsorgung von Abfall besaß das Fährschiff am Heck eine Krananlage für kleine Container.

An einem Winterabend im Dezember 1994 liegt die beleuchtete PRINSESSE RAGNHILD (II) an ihrem Anleger. Im Hintergrund erkennt man im Dock der Howaldtswerke-Deutsche Werft GmbH (HDW) das Kreuzfahrtschiff MAXIM GORKIY.

Die KRONPRINS HARALD (III) beim Ablegen vom Oslokai. Die Aufnahme entstand im Juni 1996. Im darauffolgenden Jahr wechselte die Color Line mit ihren Fähren an den neuen und größeren Norwegenkai.

Vertretungsweise kam im März 1995 die CHRISTIAN IV zwischen Kiel und Norwegen zum Einsatz. Sie verkehrte für Color Line regulär zwischen Hirtshals und Kristiansand.

Kurz vor der Einstellung des zollfreien Einkaufes innerhalb der EU war im Frühjahr 1999 die gecharterte APOLLO zwischen Kiel und Bagenkop im Dienst.

Die LANGELAND (IV) war 2003 das letzte Fährschiff zwischen Kiel und Bagenkop. Sie konnte etwa 170 Pkw und rund 270 Passagiere pro Überfahrt befördern.

2

Vom Bollhörn- zum Schwedenkai

In den 1970er-Jahren schüttete man im Bereich der Bollhörn mit rund 600.000 Kubikmetern Seesand eine neue, etwa 50 Hektar große Kaifläche auf. Dort entstanden zwei RoRo-Anleger mit insgesamt 520 Metern Kailänge, an denen ab 1975 Fracht-, Ausflugs- und Kreuzfahrtschiffe sowie Autofrachter abgefertigt wurden. Den ersten regulären Fährverkehr am neuen Bollhörnkai eröffnete im Juni 1982 die schwedische Stena Line, die den Kieler Oslokai seit 1967 für ihre Fähren nach Göteborg nutzte. Der Umzug vom zu klein gewordenen Oslokai an den flächenmäßig größeren Bollhörnkai war notwendig geworden, da Stena Line zu dieser Zeit bereits neue, größere Fähren für die Route Kiel–Göteborg in Polen in Auftrag gegeben hatte. Eigens für die Göteborg-Fähren errichtete man auf dem nördlichen Teil des Bollhörnkais, den man in Schwedenkai umbenannte, ein futuristisches Terminalgebäude und eine Gangway zu den Fährschiffen. Mit der STENA SCANDINAVICA (II), die bereits seit 1981 als PRINSESSAN BIRGITTA vom Oslokai nach Göteborg verkehrte, und der KRONPRINSESSAN VICTORIA, die am 8. April 1982 erstmals in Kiel anlegte und die STENA OLYMPICA ablöste, startete der Fährverkehr am neu gebauten Schwedenkai.

Da durch den Terminalbau am Schwedenkai viel Fläche verloren gegangen war, schüttete man im Bereich des südlichen Bollhörnkais eine 8.000 Quadratmeter große Fläche in der Förde

Am neu errichteten Schwedenkai liegt die KRONPRINSESSAN VICTORIA der Stena Line mit geöffneter Bugpforte.

Blick über die geöffnete Bugklappe der ANNA KARENINA am Liegeplatz 24 zur Göteborg-Fähre im Juli 1991.

auf und errichtete an dieser sogenannten Vorschuhung einen dritten Anleger, der auch von RoRo-Schiffen genutzt werden konnte.

Am 7. April 1987 löste die erste der beiden in Polen gebauten Fähren, die STENA GERMANICA (II), die STENA SCANDINAVICA (II) auf der Göteborg-Route ab. Die zweite neue Fähre, die STENA SCANDINAVICA (III), wurde knapp ein Jahr später, im Februar 1988, zwischen Kiel und Göteborg eingesetzt und ersetzte die KRONPRINSESSAN VICTORIA. Eigens für die neuen Fährschiffe errichtete man auf dem Schwedenkai eine Seitenrampe, um die separaten Oberdecks bedienen zu können.

Nach der Wiedervereinigung Deutschlands und dem Ende der Sowjetunion Anfang der 1990er-Jahre begann im Kieler Hafen das Zeitalter des Fährverkehrs in Richtung Osteuropa. Mit der ANNA KARENINA eröffnete die Reederei Baltic Shipping Company unter dem Namen Baltic Line am 15. Juli 1991 eine Fährlinie von Kiel ins russische St. Petersburg. Ab Februar 1992 wurde auf der Fahrt von und nach Russland zudem ein Zwischenstopp im schwedischen Nynäshamn eingelegt. Zum Anlegen in Kiel wurde der Liegeplatz 24 des Bollhörnkais genutzt.

Allerdings geriet die Baltic Line Mitte der 1990er-Jahre in finanzielle Schwierigkeiten, sodass die ANNA KARENINA Anfang 1996 durch die kleinere KONSTANTIN SIMONOV ersetzt werden musste. Doch auch mit diesem Schiff konnte die Einstellung der Linie nach

Die STENA SCANDINAVICA (IV) liegt im November 2014 am Liegeplatz 24 des Schwedenkais.

St. Petersburg nicht verhindert werden. Das vorerst letzte Fährschiff zwischen Kiel und Russland verkehrte somit im Mai 1996. Lediglich von 2001 bis 2004 wurden nochmals Passagierfähren vom Kieler Ostuferhafen aus nach St. Petersburg eingesetzt.

Unterdessen wurde im Laufe des Jahres 2003 der RoRo-Anleger 23 am Bollhörnkai-Süd zurückgebaut, damit der Anleger 24 um 50 Meter verlängert werden konnte.

Fünf Jahre später, im Jahr 2008, begannen die Umbauarbeiten des Schwedenkais, da Stena Line den Einsatz einer neuen, größeren Fährschiffgeneration von weit mehr als 200 Metern Länge plante. Dazu errichtete man ein neues Terminalgebäude mit einem Büroturm, Abfertigungsbereichen für Passagiere und Fahrzeuge, einem großzügigen Wartebereich für Reisende, einer Aussichtsterrasse und einer überdachten Gangway zum Schiff. Weiterhin installierte man am Liegeplatz 24, dem zukünftig neuen Anleger der Stena-Line-Fähren nach Göteborg, eine leistungsfähigere, breitere RoRo-Rampe. Zur offiziellen Eröffnung am 1. Oktober 2010 umfasste der neue Schwedenkai nun den Bollhörnkai-Süd, den alten Schwedenkai und einen Teil des Sartorikais im Norden.

Bereits am 1. September 2010 verkehrte die neue STENA GERMANICA (III) erstmals von Kiel nach Göteborg. Sie löste die in die Jahre gekommene STENA GERMANICA (II) ab, die nach einem anschließenden Werftaufenthalt als STENA VISION zwischen dem polnischen Gdynia und dem schwedischen Karlskrona weiter Verwendung fand. Um die nun

Die STENA GERMANICA (III) im Herbst 2014 in Kiel. Im Vordergrund die leeren Gleise des KV-Terminals mit Portalkran.

unterschiedlichen Ladekapazitäten der neuen STENA GERMANICA (III) und der wesentlich kleineren STENA SCANDINAVICA (III) auszugleichen, verkehrte an den Abfahrtstagen der STENA SCANDINAVICA (III) zusätzlich die STENA FREIGHTER zwischen Kiel und Göteborg. Diese Frachtfähre war zuvor auf der Linie Travemünde–Göteborg im Einsatz gewesen, die Stena Line mit der Indienststellung der neuen Fähren ab Kiel eingestellt hatte. Als die neue STENA SCANDINAVICA (IV) die ältere STENA SCANDINAVICA (III) im April 2011 ablöste, wurde auch die STENA FREIGHTER nicht mehr benötig und in die Nordsee verlegt.

Etwa drei Jahre später, im Mai 2014, erhielt der Schwedenkai erstmals einen Portalkran, der seitdem über den drei Gleisen und den Ladespuren des KV-Terminals auf dem südlichen Kaigelände eingesetzt wird. Bei diesem Kran handelt es sich um einen gummibereiften Portalkran, der ohne Führungsschienen flexibel agieren kann. Die bislang für die Be- und Entladung von Eisenbahnwaggons eingesetzten Reachstacker kommen trotz des neuen Krans weiterhin zum Einsatz.

Bauarbeiten am Bollhörnkai im April 1974. Die verlegten Gleise werden mit vorgefertigten Steinplatten abgedeckt, um eine befahrbare Oberfläche zu schaffen.

Ein Tankcontainer auf einem Rolltrailer wird von einer Zugmaschine angehoben, um auf ein RoRo-Schiff verladen zu werden.

STENA TIMER im April 1980 am Liegeplatz 25. Sie verkehrte zur Verstärkung als Frachtfähre für Stena Line zwischen Kiel und Göteborg.

Die FULDATAL verkehrte ebenfalls zeitweise als Frachtfähre für Stena Line. Hier liegt sie am 30. April 1978 am Bollhörnkai.

Blick in das Fahrzeugdeck der INOWROCLAW. Sie wurde 1980 im finnischen Rauma gebaut und verfügte über 1.400 Lademeter.

Die Frachtfähre INOWROCLAW wurde in den 1980er-Jahren von Polskie Linie Oceaniczne zwischen Polen, Kiel und England eingesetzt.

NORDI

Im September 1979 liegt die STENA NORDICA in Kiel. Sie war bis Anfang 1980 als Frachtfähre nach Göteborg im Einsatz.

Das Terminalgebäude am Schwedenkai im Rohbau. Im Juni 1982 wurde dieser damals modernste Anleger Europas offiziell eingeweiht.

Die STENA SCANDINAVICA (II) am neu eröffneten Schwedenkai. Ihr ehemaliger Name PRINSESSAN BIRGITTA ist kurz nach der Umbenennung noch am Rumpf zu erkennen.

Da kurz nach der Eröffnung des Schwedenkais bereits die neue Fährschiffgeneration für Stena Line zum Einsatz kommen sollte, war die Gangway dementsprechend höher gebaut worden.

Im Gebäude des Schwedenkais befanden sich Abfertigungsräume, der Zoll, Büros der Reederei Stena Line, Agenturen sowie der Bundesgrenzschutz.

Im Vordergrund liegen im Juli 1983 am Liegeplatz 24 zwei Frachtschiffe, dahinter ist am Liegeplatz 25 die STENA SCANDINAVICA (II) festgemacht.

In der Glasfassade des Terminalgebäudes am Schwedenkai spiegelt sich Mitte der 1980er-Jahre die Göteborg-Fähre KRONPRINSESSAN VICTORIA.

Die Göteborg-Fähre der Stena Line im Juli 1994 am Schwedenkai. Im Hintergrund fährt die INZENIERIS NECIPORENKO, die als Frachtfähre zwischen Kiel und dem Baltikum verkehrte.

Im November 1995 liegt die STENA GERMANICA (II) mit geöffneter Bugpforte am Schwedenkai. Sie war 175,4 Meter lang, 29 Meter breit und konnte etwa 570 Pkw sowie 2.500 Passagiere befördern.

Am 15. April 1993 ist die Frachtfähre KOMPOSITOR NOWIKOW am Bollhörnkai festgemacht. Im Hintergrund eröffnete an diesem Tag, vom provisorisch eingerichteten Anleger Gaarden-Süd, die Frachtfähre SIAULIAI den Linienverkehr für LISCO nach Klaipėda.

Am 15. Juli 1991, dem Tag der Eröffnung der Linie Kiel–St. Petersburg, konnte die ANNA KARENINA in Kiel besichtigt werden. Benannt war das Fährschiff nach dem Roman des russischen Schriftstellers Leo Tolstoi.

Die KONSTANTIN SIMONOV verkehrte 1996 anstelle der ANNA KARENINA auf der Linie nach St. Petersburg. Konstantin Simonov, der Namensgeber des Schiffes, war ein sowjetischer Schriftsteller, Lyriker und Kriegsberichterstatter.

Die ANNA KARENINA nach dem Ausscheiden aus dem Liniendienst im Jahr 1996 im Nord-Ostsee-Kanal auf dem Weg zu Blohm + Voss in Hamburg. Sie verkehrte anschließend als REGINA BALTICA zwischen Stockholm und Tallinn.

Im März 1995 liegt die Oslofähre PRINSESSE RAGNHILD (II) für Wartungsarbeiten am Bollhörnkai. Dahinter hat am Schwedenkai die Göteborg-Fähre STENA SCANDINAVICA (III) festgemacht.

STENA GERMANICA (II) im Juni 1996 am Schwedenkai. Über die Fahrzeugrampe links konnte das Oberdeck der Fähren be- und entladen werden.

Die STENA SEARIDER wurde 1969 als FINNCARRIER gebaut und war Mitte der 1990er-Jahre als Frachtfähre zwischen Kiel und Göteborg im Einsatz.

Am Bollhörnkai liegen am 30. März 1996 der Fahrzeugtransporter AUTOROUTE, dahinter die St.-Petersburg-Fähre KONSTANTIN SIMONOV und eine der beiden Göteborg-Fähren.

Blick über den Schwedenkai im September 1996. Links liegt die STENA SCANDINAVICA (III) am Liegeplatz 25.

Der RoRo-Frachter DONEZK im April 1997 am Bollhörnkai. Im Hintergrund erkennt man den fast fertiggestellten Norwegenkai am Ostufer der Förde.

Aufgrund von Wartungsarbeiten liegt die Oslofähre PRINSESSE RAGNHILD (II) Mitte der 1990er-Jahre am Bollhörnkai, um den Oslokai nicht zu blockieren.

Mitte der 1990er-Jahre am Bollhörnkai: die Frachtfähren OCOTGON 3 und STENA SEARIDER sowie die Göteborg-Fähre STENA SCANDINAVICA (III).

Die GREIFSWALD verkehrte Anfang 1999 als Werftvertretung auf der Route Kiel–Göteborg. Sie wurde 1988 als Eisenbahnfähre für die Linie Mukran–Klaipėda in Wismar gebaut.

Die Frachtfähre TRANSRUSSIA fuhr von 1997 bis 2002 im Dienst des TransRussiaExpresses zwischen Kiel und Russland. Am Norwegenkai im Hintergrund liegt die bei HDW gebaute SUPERFAST III.

Die STENA GERMANICA (II) und die COLOR FANTASY der Reederei Color Line laufen an einem sonnigen Wintermorgen im Januar 2005 in Kiel ein.

Während der Kieler Woche 2010 liegt die über die Toppen geflaggte STENA SCANDINAVICA (III) am Schwedenkai.

S
ENA SCANDINAVICA
StenaLine
www.stenaline.com

Von September 2010 bis zur Außerdienststellung der STENA SCANDINAVICA (III) im April 2011 verkehrte zusätzlich die Frachtfähre STENA FREIGHTER zwischen Kiel und Göteborg.

Blick vom Achterdeck der STENA SCANDINAVICA (IV) an einem sonnigen Novemberabend auf die Kieler Förde.

Am 29. August 2010 war die STENA GERMANICA III erstmals auf Probefahrt in Kiel. Um Verwechslungen mit der zu der Zeit noch im Einsatz befindlichen STENA GERMANICA (II) zu vermeiden, trug sie für einige Tage die „III" im Namen.

Die Fährschiffe der Stena Line, hier die STENA SCANDINAVICA (IV), wenden nach ihrem abendlichen Ablegen etwa in Höhe des Ostseekais.

Die STENA GERMANICA (III) liegt an einem Novemberabend am Schwedenkai vor der erleuchteten Landeshauptstadt.

Blick auf die am Liegeplatz 24 festgemachte STENA GERMANICA (III). Die gesamte Ladung für alle vier Decks rollt über die Hauptdeckrampe an Bord der Fähre.

Das KV-Terminal auf dem südlichen Kaigelände. Hier werden Einheiten des kombinierten Ladungsverkehrs mithilfe des Portalkrans auf Eisenbahnwaggons verladen bzw. von ihnen entladen.

Erst am späten Nachmittag beginnt in Kiel die Beladung der Göteborg-Fähren. Neben Lkw, Pkw und Bussen wird auch unbegleitete Fracht verladen.

Die STENA GERMANICA (III) im November 2014 am Schwedenkai. Im Hintergrund erkennt man den Ostuferhafen und das Kohlekraftwerk.

TENA GERMANICA
Stena Line
DFDS SEAWAYS

Das obere Sonnendeck der STENA SCANDINAVICA (IV). Im Hintergrund erkennt man den Kieler Hauptbahnhof und den Fernmeldeturm.

Die STENA SCANDINAVICA (IV) in Kiel. Sie wurde 2003 als STENA BRITANNICA in Südkorea gebaut und 2007 in Bremerhaven von 211,6 Meter auf 241,0 Meter verlängert.

Die STENA GERMANICA (III) wurde 2001 als STENA HOLLANDICA gebaut und ebenfalls 2007 in Bremerhaven verlängert.

Das neue Terminalgebäude am Schwedenkai wirkt durch die Bauweise aus Glas und Beton schlicht, modern und zweckmäßig.

Blick von der Göteborg-Fähre auf das Terminalgebäude.

3

Der Ostuferhafen

Der Ostuferhafen wurde 1985 auf dem ehemaligen Werftgelände der Howaldtswerke als kommerzieller Frachthafen errichtet. Ende der 1980er-Jahre entstand am Liegeplatz 11 (ab 2002: Liegeplatz 1) der erste RoRo-Anleger mit beweglicher Pontonrampe für Frachtfähren. Der zweite entstand kurz darauf am Liegeplatz 12 (ab 2002: Liegeplatz 3) in gleicher Ausführung an der gegenüberliegenden Kaikante. Genutzt wurden diese Anlagen anfangs ausschließlich von Frachtfähren, bevor ab 1992 die Caumerk Schiffsmanagement GmbH (später Balt-RoRo-Line) mit der MERCURI 1 und ab 1993 zusätzlich mit der MERCURI 2 einen Fährverkehr mit Personenbeförderung nach Klaipėda, Riga und Kaliningrad anbot. Mit diesen Linien ersparte man den übergesetzten Einheiten den zeitaufwendigen Landweg durch Polen und Russland mitsamt den Grenzkontrollen.

Anfang Oktober 1993 eröffnete die litauische Reederei LISCO (Lithuanian Shipping Company) am Ostuferhafen einen weiteren Fährverkehr ins litauische Klaipėda. Zum Einsatz für LISCO kam die VILNIUS, ein ursprünglich für die Fährverbindung von Mukran nach Klaipėda gebautes Eisenbahnfährschiff. Sie wurde kurz vor ihrem Einsatz ab Kiel in Hamburg

Am Ostuferhafen liegen im September 1994 die Balt-RoRo-Fähre MERCURI 2 sowie rechts daneben die VILNIUS von LISCO.

Mitte der 1990er-Jahre setzte die Reederei LISCO die PALANGA zwischen Kiel und Klaipėda ein. Sie wurde 1979 als MONTE STELLO für die Verbindung Marseille–Korsika gebaut.

bei Blohm + Voss umgebaut, wo sie weitere Kabinen zur Steigerung der Passagierkapazität erhielt.

Am 18. Juni 1994 verstärkte LISCO den Fährverkehr auf der Route Kiel–Klaipėda mit einem zweiten Schiff, der KAUNAS, einem Schwesterschiff der VILNIUS. Die KAUNAS war zuvor ebenfalls in Hamburg umgebaut worden.

Am 30. Juni 1995 stellte Balt-RoRo-Line die Fährverbindungen ins Baltikum aufgrund der großen Konkurrenz durch die Reederei LISCO wieder ein.

Im Zuge der dritten Ausbaustufe des Ostuferhafens wurden Mitte der 1990er-Jahre zwei weitere Liegeplätze und neue Vorstauflächen errichtet. Hierbei entstanden der RoRo-Anleger 13 (ab 2002: Liegeplatz 4), der durch eine mit einem Festmachersteg verbundene Dalbenreihe seitlich begrenzt wurde, sowie der RoRo-Anleger 14, der einige Jahre später, nach dem Ausbau im Jahr 2002, durch Sandaufspülung neuen Vorstauflächen weichen musste.

Da sich das Ladungsaufkommen auf der Klaipėda-Route in den folgenden Jahren stetig erhöhte, setzte LISCO ab dem 21. April 1996 das Fährschiff PALANGA zwischen Kiel und Klaipėda ein. Sie blieb bis Mitte 1997 auf dieser Linie im Einsatz.

Anfang November 1999 schloss die Reederei LISCO ein Kooperationsabkommen mit der deutsch-dänischen Reederei Scandlines. Diese setzte ab diesem Zeitpunkt mit der GREIFSWALD und ab Januar 2001 mit der PETERSBURG zwei weitere Schwesterschiffe der VILNIUS, die ebenfalls mit größeren Passagierbereichen ausgestattet worden waren, zwischen Kiel und

Die Überreste des U-Boot-Bunkers Kilian mussten Anfang der 2000er-Jahre den Erweiterungsmaßnahmen des Ostuferhafens weichen.

Klaipėda ein. In der Saison 2001 absolvierte die GREIFSWALD einige Chartereinsätze, kehrte jedoch im November 2001 wieder auf ihre Stammroute ab Kiel zurück.

Zuvor hatten im Dezember 1999 die Bauarbeiten für die bereits vierte und größte Erweiterung des Kieler Ostuferhafens begonnen, die nach gut 2,5-jähriger Bauzeit im August 2002 abgeschlossen wurden. Anschließend wurden vier neue RoRo-Anleger in Betrieb genommen, um den wachsenden Fracht- und Fährverkehr in Richtung Baltikum und Russland abwickeln zu können. Die neuen Liegeplätze 5 und 6 erhielten abgeschrägte Kaikanten für ein Auflegen der schiffseigenen Rampen und wurden durch eine Dalbenreihe voneinander abgetrennt. An den Liegeplätzen 7 und 8 errichtete man hingegen hydraulisch höhenverstellbare, landseitige RoRo-Rampen und seitlich eine feste Kaimauer. Zudem wurde der ehemalige RoRo-Anleger 13 in Liegeplatz 4 umbenannt, modernisiert und erhielt anstelle der Dalbenreihe ebenfalls eine feste Kaimauer.

Der im Mai 1996 am Schwedenkai eingestellte kombinierte Personen- und Frachtverkehr zwischen Kiel und St. Petersburg wurde von 2001 bis 2004 nochmals mit den Fähren TRANSLUBECA (Februar 2001 bis Januar 2003), GREIFSWALD (August bis November 2001) und TRANSPARADEN (Dezember 2003 bis April 2004) vom Kieler Ostuferhafen aus aufgenommen. Danach wurde die Route nach Russland, wie schon zwischen 1996 und 2001, ausschließlich von reinen Frachtfähren bedient.

Weiterhin gab es in den Jahren 2002 und 2003 kurzzeitig eine Fährverbindung mit Passagiertransport zwischen dem Ostuferhafen und der lettischen Hauptstadt Riga. Zum Einsatz

Die SVEALAND der Reederei Scandlines wurde 1999 als ALYSSA gebaut und verkehrte bis 2001 im Mittelmeer.

kamen nacheinander die TRANSPARADEN, im Dezember 2002, und die MERMAID II, von Januar bis März 2003. Die Linie wurde jedoch anschließend nach Lübeck verlegt.

Die Reedereien Scandlines und LISCO entschieden sich Anfang der 2000er-Jahre dazu, ihre insgesamt vier Fährschiffe auf der Klaipėda-Linie durch zwei schnellere Einheiten auszutauschen, um somit die Route noch effektiver betreiben zu können. Daher ersetzte die SVEALAND von Scandlines ab 17. April 2003 die Fähren GREIFSWALD, die bereits im Herbst 2002 aus dem Liniendienst ausgeschieden war, und PETERSBURG. Zwei Monate später, am 21. Juni 2003, stellte die Reederei LISCO die LISCO GLORIA in Dienst. Sie löste die älteren Einheiten VILNIUS und KAUNAS ab. Nach dem Ausscheiden der KAUNAS im April 2003 kam kurzzeitig nochmals die PALANGA zwischen Kiel und Klaipėda zum Einsatz.

Die bereits Mitte 2001 von DFDS übernommene Reederei LISCO führte den Liniendienst zwischen Kiel und Klaipėda ab dem 1. Januar 2006 ohne die Partnerreederei Scandlines fort, da diese ihre Baltikumsverkehre nach Rostock verlegt hatte. Unter dem Liniennamen DFDS LISCO wurde der Liniendienst künftig mit der Stammfähre LISCO GLORIA und der neu eingesetzten LISCO PATRIA, die die SVEALAND ersetzte, betrieben.

Anfang Mai 2006 kehrte die ehemalige SVEALAND als LISCO OPTIMA für die Reederei DFDS LISCO auf die Linie Kiel–Klaipėda zurück und wurde mit Unterbrechungen, in denen sie zwischen Karlshamn und Klaipėda verkehrte, bis 2016 ab Kiel eingesetzt. Danach wechselte sie vollständig auf die Karlshamn-Route. Die LISCO PATRIA verließ mit dem Einsatz der

Die REGINA SEAWAYS am Liegeplatz 7 des Ostuferhafens im August 2012.

LISCO OPTIMA im Mai 2006 die Linie Kiel–Klaipėda, kehrte aber 2015 als PATRIA SEAWAYS auf diese zurück.

Da die Nachfrage auf der Verbindung nach Klaipėda weiter angestiegen war, setzte DFDS LISCO ab dem 11. Mai 2009 die neu gebaute LISCO MAXIMA ein. Sie war als eines von acht Schwesterschiffen zuvor im italienischen Marina di Carrara entstanden. Wie schon die LISCO OPTIMA setzte man sie gelegentlich auf der Route Karlshamn–Klaipėda ein.

In der Nacht vom 8. auf den 9. Oktober 2010 brach auf der LISCO GLORIA bei ihrer Fahrt nach Klaipėda, rund sechs Seemeilen nördlich von Fehmarn, ein Feuer auf dem Fahrzeugdeck aus. Alle Personen an Bord konnten gerettet werden, jedoch wurde die Fähre aufgrund der enormen Brandschäden nach Abschluss der Untersuchungen zum Wrack erklärt und verkauft. Um den Ausfall der LISCO GLORIA zu kompensieren, charterte DFDS kurzfristig die BALTIC AMBER, die bis Ende Februar 2011 auf der Route Kiel–Klaipėda im Einsatz war.

Nachdem sich die Reederei DFDS bereits Mitte 2010 neu organisiert hatte und fortan alle Passagierfährdienste unter dem Namen DFDS Seaways führte, erhielten alle Fähren der Reederei nach und nach den Namenszusatz „Seaways“. So wurde im Januar 2012 aus der LISCO PATRIA die PATRIA SEAWAYS, im März 2012 aus der LISCO MAXIMA die VICTORIA SEAWAYS und im April 2012 aus der LISCO OPTIMA die OPTIMA SEAWAYS.

Am 26. September 2011 setzte DFDS mit der REGINA SEAWAYS ein weiteres Fährschiff zwischen Kiel und Klaipėda ein. Sie ist eines der Schwesterschiffe der VICTORIA SEAWAYS

Im Jahr 2018 trägt die REGINA SEAWAYS bereits den aktuellen DFDS-Anstrich. Hier fährt sie in Höhe Holtenau auf der Kieler Förde.

und wurde, wie schon die OPTIMA SEAWAYS und die VICTORIA SEAWAYS, in den folgenden Jahren ebenfalls gelegentlich zwischen Karlshamn und Klaipėda eingesetzt.

Am 22. August 2013 erhielt der Liegeplatz 1 am Kieler Ostuferhafen einen grundüberholten Pontonanleger, der für künftige Schiffsgenerationen auf der Rendsburger Nobiskrug-Werft optimiert worden war. Im darauffolgenden Jahr nahm man ebenfalls am Liegeplatz 1 einen neuen Abfertigungspavillon für Kreuzfahrtschiffe für bis zu 4.000 Passagiere in Betrieb, um den Ostseekai zu entlasten.

Auf der Linie Kiel–Klaipėda setzte die Reederei DFDS ab dem 9. Januar 2014 mit der ATHENA SEAWAYS ein weiteres Schwesterschiff der VICTORIA SEAWAYS ein. Auch sie wurde gelegentlich auf der Karlshamn-Route eingesetzt.

Mit dem Fortgang der langsameren OPTIMA SEAWAYS im April 2016 fuhren künftig immer zwei der drei Schwesterschiffe VICTORIA SEAWAYS, REGINA SEAWAYS oder ATHENA SEAWAYS gleichzeitig zwischen Kiel und Klaipėda. Der große Vorteil beim Einsatz von zwei nahezu identischen Fährschiffen war, dass man nun täglich um die gleiche Uhrzeit eine Abfahrt nach Klaipėda anbieten konnte. Zusätzlich wurde weiterhin gelegentlich die PATRIA SEAWAYS ab Kiel eingesetzt.

Die KAUNAS wurde 1989 als Eisenbahnfähre für die Linie Mukran–Klaipėda gebaut. Ab 1994 verkehrte sie, ohne Eisenbahnwaggons zu befördern, ab Kiel.

Einer der ersten RoRo-Frachter am Ostuferhafen war die BORE BRITANNICA, die ab 1988 zwischen Kiel und Helsinki eingesetzt wurde.

An den Liegeplätzen 11 (rechts) und 12 (links) liegen im Januar 1994 die Fähren MERCURI 1 und MERCURI 2. Sie konnten neben Fahrzeugen auch eine geringe Anzahl an Passagieren transportieren.

Im Februar 1997 liegen die Frachtfähren ANTARES der Reederei Finnlines (links) und INZENIERIS NECIPORENKO der Tallinn-Kiel-Line (rechts) gemeinsam am Ostuferhafen.

Im März 1998 liegt links am Liegeplatz 12 die Frachtfähre INZENIERIS NECIPORENKO, daneben am Liegeplatz 11 die Klaipėda-Fähre VILNIUS.

Am 3. April 2000 liegen die beiden Klaipėda-Fähren VILNIUS und GREIFSWALD (LP 11 und 12) sowie die Frachtfähre ALEX Y (LP 14) am Ostuferhafen.

Im Vordergrund liegt die KAUNAS im August 2000 am Anleger 12, dahinter am Anleger 14 die Frachtfähre INZHENER SUHORUKOVS.

Hinter den neuen Spundwänden für die Erweiterung des Ostuferhafens ragen die Überreste des U-Boot-Bunkers Kilian in den Himmel. Sie wurden zerkleinert und als Füllmaterial verwendet.

Nachdem die Spundwand errichtet worden war, verfüllte man die Fläche. Hier ist der Baufortschritt im September 2000 zu sehen.

Im Hintergrund läuft die KAUNAS am 21. Oktober 2000 nach Litauen aus, davor liegt am Liegeplatz 14 die PANEVEZYS. Diese Frachtfähre kam gelegentlich für LISCO zwischen Kiel und Klaipėda zum Einsatz.

Die Frachtfähre PANAVEZYS wurde von LISCO auf verschiedenen Routen ab Klaipėda eingesetzt, unter anderem gelegentlich nach Kiel.

Im Sommer 2002 liegen zwei Frachtfähren sowie die Scandlines-Fähre PETERSBURG am Ostuferhafen, dessen Ausbau zu diesem Zeitpunkt nahezu abgeschlossen ist.

Die beiden Klaipėda-Fähren der Reederei Scandlines GREIFSWALD (links) und PETERSBURG (rechts) im Oktober 2002 in Kiel.

Die LISCO GLORIA wurde 2001 als GOLFO DEI CORALLI gebaut und ab 2003 zwischen Kiel und Klaipėda eingesetzt. Sie war 196,6 Meter lang, 23,4 Meter breit und konnte etwa 300 Passagiere befördern.

Die LISCO MAXIMA wurde 2009 gebaut und war 199,1 Meter lang und 26,6 Meter breit. 2012 wurde sie in VICTORIA SEAWAYS umbenannt.

Die LISCO GLORIA im Mai 2007 in Kiel. Gut drei Jahre später, im Oktober 2010, geriet sie auf einer Fahrt nach Litauen in Brand und musste aufgrund der großen Schäden anschließend abgewrackt werden.

Die OPTIMA SEAWAYS war bereits als SVEALAND und LISCO OPTIMA zwischen Kiel und Klaipėda im Einsatz. Hier ist sie 2014 mit ihrem voluminösen Abgaswäscher in der Kieler Förde zu sehen.

Am 11. Juli 2015 liegen die Frachtfähre CORONA SEAWAYS und das Kreuzfahrtschiff MSC ORCHESTRA am Ostuferhafen, wo seit 2014 Kreuzfahrtschiffe abgefertigt werden können.

Im April 2014 treffen sich die Klaipėda-Fähre ATHENA SEAWAYS und die Frachtfähre ANGLIA SEAWAYS, die kurzzeitig zwischen Kiel und Ust-Luga eingesetzt wurde.

Die VICTORIA SEAWAYS liegt im April 2019 am Liegeplatz 7 des Ostuferhafens.

Die PATRIA SEAWAYS kam bereits als LISCO PATRIA zwischen Kiel und Klaipėda zum Einsatz. Hier wendet sie im Januar 2018 vor dem Ostuferhafen.

Der Frachtfährverkehr zwischen Kiel und Russland wurde von 2015 bis 2019 von DFDS und Finnlines gemeinschaftlich betrieben, wobei DFDS lediglich Laderaum charterte. Hier die FINNSUN von Finnlines im März 2019.

4

Der Norwegenkai

Der Norwegenkai ist das jüngste Fährterminal der Stadt Kiel und wurde von 1994 bis 1997 am Ostufer der Förde gegenüber dem Hauptbahnhof errichtet, da die Kapazitäten des bislang von Color Line genutzten Oslokais nicht mehr ausreichend waren. Am Norwegenkai war es zudem möglich, dass neben der Oslofähre zusätzlich ein weiteres Kreuzfahrt- oder Fährschiff abgefertigt werden konnte, da zwei Liegeplätze mit RoRo-Rampe errichtet wurden. Außerdem baute man ein modernes, lichtdurchflutetes Abfertigungsgebäude für Passagiere mit je einer Gangway zu den beiden Liegeplätzen. Am 18. August 1997 eröffneten Königin Sonja von Norwegen und die damalige Ministerpräsidentin von Schleswig-Holstein Heide Simonis den Norwegenkai feierlich, an dem fortan die beiden Color-Line-Fähren PRINSESSE RAGNHILD (II) und KRONPRINS HARALD (III) nach Oslo abgefertigt wurden.

Da sich Kreuzfahrten Anfang des neuen Jahrtausends immer größerer Beliebtheit erfreuten, folgte Color Line diesem Trend und orderte eines der größten Kreuzfahrtfährschiffe der Welt für die Fährlinie Kiel–Oslo. Dieser Neubau, die COLOR FANTASY, löste am 10. Dezember 2004

Am 24. Juni 2003 liegt die PRINSESSE RAGNHILD (II) der Color Line am Anleger 21, rechts daneben am Anleger 22 das Kreuzfahrtschiff SAGA PEARL.

die 1981 in Dienst gestellte PRINSESSE RAGNHILD (II) ab, die von Color Line fortan zwischen Dänemark und Norwegen eingesetzt wurde. Da sich der Einsatz der neuen Kreuzfahrtfähre COLOR FANTASY als großer Erfolg herausstellte, bestellte Color Line bereits im Mai 2005 ein fast baugleiches Schwesterschiff, das am 15. September 2007 von Schauspielerin Veronica Ferres in Kiel auf den Namen COLOR MAGIC getauft wurde. Diese ersetzte daraufhin die KRONPRINS HARALD (III), die an Irish Ferries verkauft und fortan als OSCAR WILDE in der Irischen See eingesetzt wurde. Seither legen die Schwesterschiffe COLOR FANTASY und COLOR MAGIC, Werftaufenthalte ausgenommen, täglich im Wechsel um 14.00 Uhr vom Kieler Norwegenkai mit Ziel Oslo ab. Im Mai 2019 wurde am Norwegenkai eine Landstromanlage eingeweiht, die die Color-Line-Fähren während der Liegezeit mit Strom versorgt. Künftig sollen auch der Schwedenkai und das Kreuzfahrtterminal am Ostseekai landstromfähig werden.

Blick über die Fußgängerbrücke zum Terminalgebäude: Links liegt die STENA SCANDINAVICA (IV) am Schwedenkai, gegenüber am Liegeplatz 21 des Norwegenkais die COLOR MAGIC.

Die PRINSESSE RAGNHILD (II) läuft in die Kieler Förde ein. Zur Gewichts- und Windwiderstandsreduzierung halbierte man im Januar 1995 den Windschutz auf dem Sonnendeck.

Am 18. Oktober 1997 liegt die KRONPRINS HARALD (III) am Liegeplatz 21, davor hat am Liegeplatz 22 die Frachtfähre OCTOGON 3 festgemacht. Sie verkehrte zusätzlich zu den Stammfähren zwischen Kiel und Oslo.

Ein Güterzug beladen mit Wechselbrücken schiebt sich im August 1997 auf den kurz zuvor eröffneten Norwegenkai. Im Hintergrund sind die KRONPRINS HARALD (III) und eine der beiden Göteborg-Fähren zu erkennen.

Die COLOR TRADER wurde im Jahr 1998 von Color Line aufgrund des gestiegenen Frachtaufkommens zwischen Kiel und Oslo eingesetzt. Sie war 1977 als MEHANIKIS GERASIMOVS gebaut worden.

Der RoRo-Frachter QUITO absolvierte im Februar 2000 zwei Rundreisen zwischen Kiel und Oslo, da sich die Werftliegezeit der KRONPRINS HARALD (III) unplanmäßig verlängert hatte.

Im August 2006 liegt die KRONPRINS HARALD ausnahmsweise mit dem Bug am Anleger in Kiel. Grund dafür sind Reparaturarbeiten am Schiff. Im Hintergrund ist die COLOR FANTASY zu sehen.

Im Jahr 2007 wurde der Norwegenkai am nördlichen Ende erweitert. Hierbei entstanden eine 100 Meter lange Kaimauer sowie 4.100 Quadratmeter zusätzliche Terminalfläche.

Die KRONPRINS HARALD (III) am 23. August 2007 bei einem ihrer letzten Anläufe in Kiel. Kurz darauf wurde sie an Irish Ferries veräußert.

Am 15. September 2007 wurde die COLOR MAGIC am Bollhörnkai getauft. Sie war im finnischen Turku gebaut worden und ist nahezu baugleich mit der 2004 in Dienst gestellten COLOR FANTASY.

Während die COLOR MAGIC im April 2012 einen Werftaufenthalt absolviert, ist die COLOR FANTASY auf dem Weg zum Norwegenkai.

COLOR MAG

Die COLOR MAGIC läuft von Norwegen kommend in die Kieler Förde ein.

Innenansicht des Terminalgebäudes am Norwegenkai. In den Sommermonaten werden hier neben den Fähren zusätzlich Kreuzfahrtschiffe abgefertigt.

Blick vom Terminalgebäude auf die am Liegeplatz 21 festgemachte COLOR MAGIC. Die Be- und Entladung erfolgt in Kiel über die Heckrampe, in Oslo durch die Bugpforte.

Die COLOR MAGIC ist 223,7 Meter lang, 35,0 Meter breit und kann 550 Pkw sowie 2.700 Passagiere befördern.

Reisende betreten die Color-Line-Fähren am Norwegenkai über eine höhenverstellbare und auf Schienen bewegliche Gangway.

Blick von der einlaufenden COLOR MAGIC auf den Norwegenkai im August 2012.

Die COLOR MAGIC und ihr Schwesterschiff, die COLOR FANTASY, sind laut Aussage von Color Line die beiden größten Kreuzfahrtschiffe mit Autodeck.

Seit dem 10. Januar 2019 verkehrt die COLOR CARRIER als Frachtfähre zwischen Kiel und Oslo. Zuvor war sie als FINNCARRIER für die Reederei Finnlines im Dienst.

Die COLOR CARRIER am 11. Januar 2019 bei ihrem ersten Anlauf in Kiel am Norwegenkai.

German Naval Yards
BlueCargo
FREJA
LP22

Die COLOR MAGIC frühmorgens
im nördlichen Skagerrak.

COLOR FANTASY
Color Lin

Die COLOR FANTASY verlässt den Kieler Hafen mit Ziel Oslo.

Danksagung

Allen, die zur Entstehung dieses Bildbandes beigetragen haben, sei an dieser Stelle herzlich gedankt. Vor allem bedanke ich mich bei Dieter Streich, Stephan Krohn und Tim Schwabedissen für das Bereitstellen von Fotomaterial aus ihren privaten Fotoarchiven. Zudem danke ich meiner Partnerin Nele Freemann für die Unterstützung bei der Recherche und Gestaltung.

Bildnachweis

StAKiel, 2.3 Magnussen: 30306 (S. 9 u), 30935 (S. 10 o), 32980 (S. 11 o), 47448 (S. 12 o), 34812 (S. 18), 32601 (S. 19 o), 32584 (S. 19 u), 35003 (S. 20 o), 34204 (S. 20 u), 33741 (S. 21 o), 35006 (S. 21 u), 38346 (S. 22 o), 35217 (S. 22 u), 36144 (S. 23 o), 38196 (S. 23 u), 35356 (S. 24 o), 43942 (S. 24 u), 39058 (S. 25), 41380 (S. 26 o), 44184 (S. 26 u), 38349 (S. 27 o), 51649 (S. 27 u), 51650 (S. 28), 55178 (S. 29 o), 46977 (S. 29 u), 54707 (S. 30 o), 55092 (S. 30 u), 53477 (S. 31 o), 65669 (S. 31 u), 65880 (S. 32 o), 65791 (S. 32 u), 67010 (S. 33 o), 67322 (S. 33 u), 56590 (S. 53 o);
StAKiel, 2.33 Stadtplanungsamt: 71258 (S. 36 o), 71274 (S. 41 o), 71286 (S. 44 o);
Dieter Streich: S. 7, 41 u, 45 o, 45 u, 63 u, 73 u, 92 o, 94, 95, 96 o, 97 u, 103 o, 107 u, 108, 109;
Stephan Krohn: S. 72 o, 73 o, 86 u, 96 u, 100 o, 100 u;
Tim Schwabedissen: S. 13 u, 14 u, 15 o, 16 o, 17 u, 34 o, 34 u, 35, 36 o, 36 u, 37 o, 37 u, 38 o, 38 u, 39 o, 39 u, 40 o, 40 u, 42, 43, 44 u, 46 o, 46 u, 47 o, 47 u, 48 o, 48 u, 49 u, 50 u, 53 u, 54 o, 54 u, 55 o, 55 u, 56, 57, 58 o, 58 u, 59 o, 59 u, 60 o, 60 u, 61 o, 61 u, 62 o, 62 u, 63 o, 64 o, 64 u, 65, 66 o, 66 u, 67 o, 67 u, 68 o, 68 u, 69 o, 69 u, 81 u, 82 o, 83 u, 84 u, 87 o, 87 u, 88 o, 88 u, 89 o, 89 u, 90 o, 90 u, 91 o, 91 u, 92 u, 93 o, 93 u, 97 o, 101 u, 103 u, 104 o, 104 u, 105 o, 105 u, 106 o, 107 o;
Lars-Kristian Brandt: Einband vorn, Vorsatz S. 2, 4, 5, 8, 51 o, 52 u, 70, 71, 72 u, 74 o, 74 u, 75 o, 75 u, 76, 77, 78 o, 78 u, 79 o, 79 u, 80, 85 o, 98, 99, 102 u, 106 u, 110 o, 110 u, 111 o, 111 u, 112, 113 o, 113 u, 114, 115, 116, 117, 118, 119, Nachsatz, Einband hinten.

Quellennachweis

Duwe, Tobias/ Fikisz, Wilhelm/ Erdmann, Frederik/ Hinrichsen, Jens/ Legband, Michael (Hrsg.): *50 Jahre Kiel-Oslo – Malerisches Porträt einer Kreuzfahrt.* Schmidt-Römhild, Lübeck 2011.

Köhler, Gerhard: *Die Seereise von Kiel nach Göteborg.* Stena Line, Kiel 1988.

Kranz, Jens-Peter: *Welt der Fährschiffahrt.* Lübeck 1994–1996.

Ortel, Kai: *DFDS linking Europe. Ferry Publications,* Ramsey (Isle of Man) 2019.

Ortel, Kai: *100 Jahre Deutsche Fährschifffahrt. Forlaget Nautilus und FERRYinformation,* Frederiksværk/Lübeck 2004.

Pieper-Wöhlk, Hannelore/ Wöhlk, Dieter: *Der Fähr- und Kreuzfahrthafen Kiel.* Sutton Verlag, Erfurt 2008.

Speckenbach, Michael: *FERRYcompass.* Lübeck 2002–2008.

Buchhinweise

Lars-Kristian Brandt

Der Rostocker Fährhafen

Mecklenburgs Tor nach Skandinavien

SUTTON ZEITREISE

ISBN 978-3-96303-031-4

19,99 €

ISBN 978-3-95400-365-5

19,99 €

suttonverlag.de

Stena Line
SCHWEDENKAI